新时代的
中国网络法治建设

（2023 年 3 月）

中华人民共和国
国务院新闻办公室

人民出版社

目　　录

前　言

　　互联网是人类文明发展的重要成果。互联网在促进经济社会发展的同时,也对监管和治理形成巨大挑战。发展好治理好互联网,让互联网更好造福人类,是世界各国共同的追求。实践证明,法治是互联网治理的基本方式。运用法治观念、法治思维和法治手段推动互联网发展治理,已经成为全球普遍共识。

　　自 1994 年全功能接入国际互联网以来,中国坚持依法治网,持续推进网络空间法治化,推动互联网在法治轨道上健康运行。进入新时代,在习近平新时代中国特色社会主义思想指引下,中国将依法治网作为全面依法治国和网络强国建设重要内容,努力构建完备的网络法律规范体系、高效的网络法治实施体系、严密的网络法治监督体系、有力的网络法治保障体系,网络法治建设取得历史性成就。网络立法、网络执法、网络司法、网络普法、网络法治教育一体推进,国家、政府、企业、社会组织、网民等多主体参与,走出了一条既符合国际通行做法，又有中国特色的依法治网之路。中国的网络法治建设不仅有力提升了中国互联网治理能力，也为全球互联网治理贡献了中国智慧和中国方案。

为全面介绍中国网络法治建设情况，分享中国网络法治建设的经验做法，特发布此白皮书。

一、坚定不移走依法治网之路

中国顺应全球信息化发展大势,立足中国互联网发展实践,将网络法治建设融入全面依法治国战略布局,不断深化对依法治网的规律性认识,在探索中发展、在发展中坚持,走出了一条中国特色的网络法治道路。

——坚持以人民为中心。中国的网络法治建设坚持人民主体地位,凝聚最广大人民的智慧和力量,把体现人民利益、反映人民愿望、维护人民权益、增进人民福祉落实到立法、执法、司法、普法等网络法治建设全过程各方面。切实维护人民群众在网络空间的合法权益,依法加强网络空间治理,充分尊重网民交流思想、表达意见的权利,坚决打击网络违法犯罪活动,构建网络空间良好秩序,营造安全、公平、健康、文明、清朗的网络空间。

——坚持促进互联网发展。依法治网的本质,是为互联网健康有序发展提供保障,而不是束缚互联网的发展。中国将依法治网作为基础性手段,完善数字经济治理体系,提升数字政府建设法治化水平,依法推进数字社会建设,引领、规范、保障数字中国建设高质量发展。坚持发展和安全同步推进,筑牢网络安全防线,以安全保发展、以发展促安全,推动互联网这个最大变量成为社会经济发展的最大增量。

——坚持立足国情。中国的网络法治建设立足中国是全球最大的发展中国家和网民数量最多的基本国情,针对中国网民规模巨大、企业平台众多、产品业态丰富的实际情况,适应法律主体多元、法律关系多样、法律适用场景多变的特点,坚持处理好发展和安全、自由和秩序、开放和自主、管理和服务的关系,深入研究网络法治前沿性、全局性重大问题,运用法治思维和法治方式解决制约互联网发展的瓶颈问题,找出互联网健康发展的中国答案。

——坚持创新引领。互联网因创新而生,因创新而兴,网络法治尤其需要创新。中国全面把握网络空间治理面临的前所未有的艰巨性、复杂性,前瞻性应对互联网新技术新应用新业态新模式带来的风险挑战,推进网络法治理念、内容、方式、方法等全方位创新。完善和创新算法、区块链等新技术新领域规则,努力填补重要领域制度的时间差、空白区,建立网络综合治理体系,创新网络司法模式,以创新引领网络法治实践,全面提升互联网治理效能。

——坚持开放合作。中国的网络法治建设既坚持网络主权,同时广泛借鉴世界各国网络法治先进经验,吸收国外成熟做法,把中国互联网发展置于国际互联网发展的大背景下谋划,形成了既有中国特色又符合国际通行做法的互联网治理模式。积极参与网络空间国际规则制定,开展网络法治领域国际交流合作,与世界各国共同致力于建立多边、民主、透明的全球互联网治理体系。

新时代的中国网络法治建设,立足自身发展实际,借鉴国外先进经验,勇于探索、守正创新,走出一条具有自身特色的管网治网之路,取得了一系列显著成就,为网络强国建设、全面依法治国、党在信息化条件下治国理政作出了重要贡献。

——为网络大国向网络强国迈进提供了有力保障。中国网络强国建设向着网络基础设施基本普及、自主创新能力显著增强、数字经济全面发展、网络安全保障有力、网络攻防实力均衡的方向不断前进,取得重大成就。网民规模全球第一,移动物联网发展实现"物超人",建成全球规模最大、技术领先的光纤宽带和移动通信网络,5G实现技术、产业、应用全面领先。数字经济发展势头强劲,2021年数字经济规模达到 45.5 万亿元,位居世界第二。互联网新技术在教育、就业、社保、医疗卫生、体育、住房、交通、助残养老等领域深度应用,"互联网+"依法健康运行,形成全球最为庞大、生机勃勃的数字社会。

——推动全面依法治国在网络空间深入实施。中国坚持依法治国原则适用于网络空间,深入实施法治中国建设规划,不断推进网络法治建设,坚持科学立法、严格执法、公正司法、全民守法,深化中国特色社会主义法治在网络空间的实践。网络立法的"四梁八柱"基本构建,丰富和完善了中国特色社会主义法律体系。网络执法不断加强,严厉打击网络违法行为,网络生态和网络秩序持续向好,推动整个社会秩序更加平安和谐。网络司法裁判规则逐步完善,网络案件办理力度不断加大,公平正义在网络空间有力彰显。网络普法深入推进,尊法学法守法用法逐步成为网络空间的共同追求和自觉行动,广大人民群众的法治意识和法治素养全面提升。

——为全球互联网治理贡献中国经验、中国智慧和中国方案。网络空间是人类共同的活动空间,需要世界各国共同建设、共同治理。中国不断探索依法治网的科学途径和方案,在立法、执法、司法、普法一体推进中形成了中国特色治网之道,为全球互联网治理提供了中国经验。中国积极参与全球互联网治理,推动发起《二十国集团数字经济发展与合作倡议》《全球数据安全倡议》等多个倡议、宣言,创造性提出网络主权原则,倡导《联合国宪章》确立的主权平等原则适用于网络空间,贡献了中国智慧和中国方案。

二、夯实网络空间法制基础

　　法律是治国重器,良法是善治前提。中国把握互联网发展规律,坚持科学立法、民主立法、依法立法,大力推进网络法律制度建设,网络立法的系统性、整体性、协同性、时效性不断增强。

　　中国网络立法随着互联网发展经历了从无到有、从少到多、由点到面、由面到体的发展过程。第一阶段从 1994 年至 1999 年,是接入互联网阶段。上网用户和设备数量稳步增加。这一阶段网络立法主要聚焦于网络基础设施安全,即计算机系统安全和联网安全。第二阶段从 2000 年至 2011 年,是 PC 互联网阶段。随着计算机数量逐步增加、上网资费逐步降低,用户上网日益普遍,网络信息服务迅猛发展。这一阶段网络立法转向侧重网络服务管理和内容管理。第三阶段从 2012 年至今,是移动互联网阶段。这一阶段网络立法逐步趋向全面涵盖网络信息服务、信息化发展、网络安全保护等在内的网络综合治理。在这一进程中,中国制定出台网络领域立法 140 余部,基本形成了以宪法为根本,以法律、行政法规、部门规章和地方性法规、地方政府规章为依托,以传统立法为基础,以网络内容建设与管理、网络安全和信息化等网络专门立法为主干的网络法律体系,为网络强国建设提供了坚实的制度保障。

专栏 1　中国网络立法状况	
类型	**示　　例**
法律	电子商务法、电子签名法、网络安全法、数据安全法、个人信息保护法、反电信网络诈骗法
行政法规	《计算机信息系统安全保护条例》《计算机软件保护条例》《互联网信息服务管理办法》《电信条例》《外商投资电信企业管理规定》《信息网络传播权保护条例》《关键信息基础设施安全保护条例》
部门规章	《儿童个人信息网络保护规定》《互联网域名管理办法》《网络交易监督管理办法》《互联网新闻信息服务管理规定》《网络信息内容生态治理规定》《互联网信息服务算法推荐管理规定》
地方性法规	《广东省数字经济促进条例》《浙江省数字经济促进条例》《河北省信息化条例》《贵州省政府数据共享开放条例》《上海市数据条例》
地方政府规章	《广东省公共数据管理办法》《安徽省政务数据资源管理办法》《江西省计算机信息系统安全保护办法》《杭州市网络交易管理暂行办法》
合计	140 余部

（一）建立网络权益保障法律制度

科学构建网络权益保障法律制度,为实现人民群众合法权益的线上、线下全方位保护提供了充分法律依据。

保障公民通信自由和通信秘密。通信自由和通信秘密的保护是确保公民能够自主地在网络空间表达诉求和思想的前提。早在 1997 年就制定《计算机信息网络国际联网安全保护管理办法》,落实宪法对通信自由和通信秘密基本权利的保护。2000 年制定《电信条例》,规定电信用户依法使用电信的自由和通信秘密受法律保护。2016 年修订《无线电管理条例》,进一步强化无线电领域对通信秘密的保护,实现对这一基本权利在网络空间的全方位保障。

保护个人信息权益。通过民法、刑法和专门立法,构建个人信息权益全链条保护的法律屏障。2020 年十三届全国人大三次会议审议通过民法典,在前期法律规定的基础上,对民事领域的个人信息保护问题作了系统规定。2009年、2015 年通过刑法修正案,设立侵犯公民个人信息罪,强化个人信息的刑法保护。在网络专门立法中,2012 年通过《全国人民代表大会常务委员会关于加强网络信息保护的决定》,明确保护能够识别公民个人身份和涉及公民个人隐私的电子信息。2016 年制定网络安全法，进一步完善个人信息保护规则。2021 年制定个人信息保护法，细化完善个人信息保护原则和个人信息处理规则，依法规范国家机关处理个人信息的活动，赋予个人信息主体多项权利，强化个人信息处理者义务，健全个人信息保护工作机制，设置严格的法律责任，个人信息保护水平得到全面提升。

守护公民财产安全。持续加大立法保护力度，遏制利用网络侵犯财产权益的行为。2018 年出台电子商务法，规定电子商务经营者销售的商品或者提供的服务应当符合保障人身、财产安全的要求。民法典明确利用网络侵害他人财产权益的行为应当承担相应法律责任。2022 年出台反电信网络诈骗法，为打击电信网络诈骗活动提供有力法律支撑，切实维护人民群众的财产权益。

保障特殊群体数字权利。通过多层次、多维度立法，弥合未成年人、老年人、残疾人等特殊群体的数字鸿沟，使其能够更加平等广泛地融入数字社会，享受数字时代红利。网络安全法规定，国家支持研究开发有利于未成年人健康成长的网络产品和服务，依法惩治利用网络从事危害未成年人身心健康的活动。2019 年制定《儿童个人信息网络保护规定》，对儿童个人信息权益予以重点保护。2020 年修订未成年人保护法,对加强未成年人网络素养教育、强化未成年人网络内容监管、加强未成年人个人信息保护和网络沉迷防治等做出专门规定,保护未成年人的网络合法权益。2021 年出台数据安全法,要求提供智能化公共服务应当充分考虑老年人、残疾人的需求,避免对老年人、残疾人的日常生活造成障碍。

（二）健全数字经济法治规则

不断完善数据基础制度,维护数字市场秩序,规范数字经济新业态新模式,为数字经济健康发展提供良好制度基础,助力经济由高速增长转向高质量发展。

推动构建数据基础制度。注重发挥数据的基础资源作用和创新引擎作用,数据安全法对实施大数据战略、支持数据相关技术研发和商业创新、推进数据相关标准体系建设、培育数据交易市场等作出规定,提升数据开发利用水平,促进以数据为关键要素的数字经济发展。

明晰数字市场运行制度。坚持依法规范发展数字市场,坚决反对垄断和不正当竞争,健全数字规则,有力维护公平竞争的市场环境。电子商务法全面规范电子商务经营行为,明确电子商务平台经营者和平台内经营者责任,要求具有市场支配地位的电子商务经营者不得滥用市场支配地位排除、限制竞争,维护公平市场竞争秩序。2013 年修改消费者权益保护法,建立网络购物"七日无理由退货"等制度,强化网络经营者消费维权主体责任。2017 年修订反不正当竞争法,增加互联网专条,禁止利用技术手段从事不正当竞争。2021 年制定《网络交易监督管理办法》,细化电子商务法有关规定,进一步完善网络交易监管制度体系。2021 年发布《国务院反垄断委员会关于平台经济领域的反垄断指南》,并根据平台经济发展状况、发展特点和规律,加强和改进反垄断监管。2022 年修改反垄断法,完善平台经济反垄断制度,规定经营者不得利用数据和算法、技术、资本优势以及平台规则等从事该法禁止的垄断行为。

规范数字经济新业态新模式。数字经济新业态新模式快速涌现,在为经济社会发展带来巨大动力和潜能的同时,也对社会治理、产业发展等提出了新的挑战。中国聚焦新业态新模式特定领域、特殊问题,坚持"大块头"立法和"小快灵"立法相结合,防范和化解风险。民法典完善电子合同订立和履行规则,将数据和网络虚拟财产纳入法律保护范围,促进数字经济发展。《网络预约出租汽车经营服务管理暂行办法》《互联网信息服务算法推荐管理规定》《区块链信息服务管理规定》《网络借贷信息中介机构业务活动管理暂行办法》《在线旅游经营服务管理暂行规定》等规范网约车、算法、区块链、互联网金融、在线旅游等新技术新业态,丰富"互联网+"各领域治理的法律依据。

（三）划定网络安全法律红线

网络安全是国家安全的新课题和新内容,成为关乎全局的重大问题。中国通过制定国家安全法、网络安全法、数据安全法等法律,系统构建网络安全法律制度,增强网络安全防御能力,有效应对网络安全风险。

确立网络安全规则。1994 年出台《计算机信息系统安全保护条例》,确立计算机信息系统安全保护制度和安全监督制度。2000 年出台《全国人民代表大会常务委员会关于维护互联网安全的决定》,将互联网安全划分为互联网运行安全和互联网信息安全,确立民事责任、行政责任和刑事责任三位一体的网络安全责任体系框架。网络安全法明确维护网络运行安全、网络产品和服务安全、网络数据安全、网络信息安全等方面的制度。《网络安全审查办法》《网络产品安全漏洞管理规定》等进一步细化网络安全法相关制度。通过多年努力,初步形成了一套系统全面的网络安全法律规则,以制度建设提高国家网络安全保障能力。

保障关键信息基础设施安全。关键信息基础设施是经济社会运行的神经中枢,是网络安全的重中之重。保障关键信息基础设施安全,对于维护国家网络主权和国家安全、保障经济社会健康发展、维护公共利益和公民合法权益具有重大意义。2021年制定《关键信息基础设施安全保护条例》,明确关键信息基础设施范围和保护工作原则目标,完善关键信息基础设施认定机制,对关键信息基础设施运营者落实网络安全责任、建立健全网络安全保护制度、设置专门安全管理机构、开展安全监测和风险评估、规范网络产品和服务采购活动等作出具体规定,为加快提升关键信息基础设施安全保护能力提供法律依据。

构建数据安全管理法律制度。立足数据安全工作实际,着眼数据安全领域突出问题,通过立法加强数据安全保护,提升国家数据安全保障能力。数据安全法明确建立健全数据分类分级保护、风险监测预警和应急处置、数据安全审查等制度,对支持促进数据安全与发展的措施、推进政务数据安全与开放等作出规定,以安全保发展、以发展促安全。

（四）完善网络生态治理规范

网络空间是亿万民众共同的精神家园,网络空间天朗气清、生态良好,是人民对网上家园的美好向往。中国本着对社会负责、对人民负责的态度,以网络信息内容为主要规制对象,建立健全网络综合治理法律规范,持续净化网络空间。

规范网络信息传播秩序。面对网络信息治理这一世界性难题,制定民法典、网络安全法、《互联网信息服务管理办法》等法律法规,明确网络信息内容传播规范和相关主体的责任,为治理危害国家安全、损害公共利益、侵害他人合法权益的违法信息提供了法律依据。

打造网络反恐法律利器。坚决依法遏制恐怖主义在网络空间的威胁,刑法、刑事诉讼法、反洗钱法等法律对恐怖活动犯罪的刑事责任、惩治恐怖活动犯罪的诉讼程序、涉恐资金监控等作了规定。2015 年制定反恐怖主义法,对网络反恐的对象、措施和机制等作出专门规定。

三、保障网络空间规范有序

严格执法是依法治网的关键环节。中国坚持严格规范公正文明网络执法,加大关系人民群众切身利益的重点领域执法力度,全面保护人民群众合法权益、维护社会公共利益,推动形成健康规范的网络空间秩序,营造天朗气清的网络生态。

(一) 保障个人信息权益

伴随数字经济的快速发展,非法收集、买卖、使用、泄露个人信息等违法行为日益增多,严重侵害了人民群众人身财产安全,影响了社会经济正常秩序。个人信息保护不仅关系广大人民群众合法权益,也关系公共安全治理和数字经济发展。中国针对个人信息侵权行为的密集性、隐蔽性、技术性等特点,采取新的监管思路、监管方式和监管手段,加大违法行为处置力度,持续开展移动互联网应用程序(App)违法违规收集使用个人信息专项治理,有效整治违法违规处理个人信息问题。2019 年以来,累计完成 322 万款移动互联网应用程序检测,通报、下架违法违规移动互联网应用程序近 3000 款。通过专项治理,侵害用户个人信息权益的违法违规行为得到有力遏制,个人信息保护意识显著增强,个人信息保护合规水平明显提升,全社会尊重和保护个人信息权益的良好局面初步形成。

（二）保护网络知识产权

加强网络知识产权保护是支持网络科技创新的关键。新技术新应用不断涌现,使得网络知识产权侵权的手段更加隐蔽、形式更加多样、成本更加低廉,执法面临溯源难、取证难、执行难等问题。中国持续探索、准确把握网络环境下知识产权创造、保护、运用的特点规律,通过建立健全监管机制、构建知识产权保护社会共治新格局,推动平台建立知识产权保护合作机制,开展打击网络侵权盗版专项行动等多重举措,持续加强网络知识产权保护。推进线上线下一体化执法,重拳出击,严厉打击网络商标侵权、假冒专利违法行为。常态化组织开展打击网络侵权盗版的"剑网"专项行动、打击院线电影盗录传播集中行动、重点市场版权专项整治等执法活动,严厉打击各类侵权盗版行为,集中整治重点领域、重点市场版权秩序。北京冬奥会、冬残奥会期间,开展冬奥版权保护集中行动,推动网络平台删除涉冬奥侵权链接 11 万余个。经过多年执法,网络知识产权保护环境得到明显改善。

（三）规范网络市场秩序

网络市场快速崛起,对稳经济、促消费、保就业、惠民生发挥了重要作用。中国积极探索与网络市场新业态相适应的执法模式,通过规范市场公平竞争发展、打击不法新型交易行为等一系列行动,助力网络市场健康可持续发展。

保障公平竞争的网络市场环境。随着网络平台企业不断扩展自身的体量和实力,"掐尖式并购"、无正当理由屏蔽链接、"二选一"、大数据杀熟、流量挟持等妨碍市场公平竞争的问题也逐渐凸显。中国积极回应人民群众诉求,在支持网络平台企业创新发展的同时,依法规范和引导资本健康发展,采取多种治理平台竞争失序的执法举措。聚焦大型网络平台价格欺诈、低价倾销等重点问题,通过行政约谈、行政指导、规则指引等多种监管手段,整治垄断和不正当竞争行为。围绕民生、金融、科技、传媒等重点行业,依法审查涉及平台经营者集中案件,防止可能妨碍市场竞争和创新发展的并购行为,引导网络平台企业增强合规意识,规范自身经营行为。通过一系列行动,平台经济市场环境不断优化,公平竞争的行业生态稳步向好,中小企业获得更广阔的发展空间,统一、开放、公平、竞争、有序的网络竞争环境正在形成。

专栏2　依法查处网络平台企业涉不正当竞争、垄断案件

　　2020年至2021年,依法立案查处电商、网络餐饮外卖等领域2件典型的"二选一"垄断案件,罚款216.7亿元。2021年,共查处网络不正当竞争案件1998件,罚没金额1.19亿元。2020年至2022年上半年,依法审查涉及平台经营者集中申报案件56件,依法查处涉及平台企业未依法申报违法实施经营者集中案件159件。

　　规范网络交易活动。让网络交易活动在规范中运行,是营造良好网络市场环境、维护广大网络交易主体权益的必然要求。开展"网剑行动",集中治理网上销售侵权假冒伪劣商品违法行为,重拳打击网上非法交易野生动植物及其制品活动。严格落实网络平台责任,强化互联网广告监管。针对"直播带货"、微店营销等新型网络交易形式,严管网络招徕渠道,查处多家涉嫌违法网站和平台用户。针对网络传销行为开展专项行动,对网络购物型传销、网络投资理财型传销、网络创业型传销,实施重点打击查处。通过一系列执法,重点领域、重点主体、重点形式的网络交易活

动得到有效规范。

专栏 3　"网剑"专项行动

　　2018 年以来,中国连续开展"网剑行动",集中整治网上销售侵权假冒伪劣商品、网上非法野生动植物交易、网上发布违法广告等突出问题。指导网络交易平台删除违法商品信息 182.97 万条,关闭网站 2.39 万个次,责令停止网站平台服务 10.5 万个次,查处涉网类案件 11.97 万件,有效维护了消费者合法权益和公平竞争的网络交易秩序。

（四）维护国家网络安全

　　筑牢网络安全防线是实现互联网健康发展的重要前提和基础。中国持续在网络基础资源、重要网络系统、网络数据等领域开展安全执法工作,有效防范化解安全风险,体系化构建网络时代的安全环境。在网络基础资源领域,强化网站、域名、IP 地址等基础资源管理,通过加强技术手段建设、完善预警机制等举措,强化安全保障。在重要网络系统领域,深化网络系统安全防护,持续监测网络安全威胁,有效防治网络系统遭受大规模服务攻击等重大安全事件。在网络数据领域,提升数据安全保护监管能力,通过建立安全监测体系、实施分类分级管理等手段,强化工业互联网、车联网、5G 应用等领域的数据安全执法。

（五）营造清朗网络空间

紧紧围绕人民群众的新期待新要求,规范网络信息传播秩序,整治各类网络生态乱象。聚焦网络淫秽色情、虚假信息、网络暴力、算法滥用等人民群众反映强烈的突出问题,持续开展"净网""清朗"系列专项行动,对传播各类违法违规信息的网站平台,采取约谈、责令改正、警告、暂停信息更新、罚款等多种措施。督促网站平台履行主体责任,依法依约对用户发布的信息进行管理,建立网络信息安全投诉、举报机制,形成治理合力。网络生态持续优化,全社会网络文明素养有效提升,网络环境有效净化。

坚持对未成年人优先保护、特殊保护,构建有利于未成年人上网的良好环境。通过开展"护苗"、未成年人网络环境专项治理等行动,围绕网络违法和不良信息、沉迷网络游戏、网络不良社交等问题进行重点整治,净化未成年人网络环境。加强未成年人网络安全教育,依法惩处利用网络从事危害未成年人身心健康的活动,形成家庭、学校、社会多方位保护合力,营造良好安全的未成年人网络环境。

从 2011 年开始,中国定期开展"护苗"行动。一方面,组织执法力量定期检查校园周边重点市场点位,集中清理夹杂"黄暴毒"、宣扬邪教迷信等有害内容的少儿出版物,深层清理网上对未成年人具有诱导性的不良内容。督促网络平台实施"青少年模式"并切实发挥作用,推进重点互联网企业专设"护苗"工作站点。另一方面,培育"护苗"品牌,开展"护苗"系列正面宣传教育活动,打造"护苗"教育基地,推动学校、家庭严格管理学生使用手机等智能终端产品。

四、捍卫网络空间公平正义

公正司法是维护社会公平正义的最后一道防线。中国坚持司法公正、司法为民，积极回应网络时代司法需求，运用网络信息技术赋能传统司法，完善网络司法规则，革新网络司法模式，依法解决新型网络纠纷，打击网络犯罪，保障网络空间主体权益，使人民群众获得更加公平公正、公开透明、高效便捷、普惠均等的司法服务。

（一）创新网络司法规则

随着互联网新技术新应用新业态的快速发展，网络空间承载的法律关系更为丰富多元，给网络空间司法保障带来了新挑战，需要构建更为完善的网络司法规则。中国及时制定涉及网络知识产权、人格权、网络交易、网络不正当竞争、电信网络诈骗等领域的民事和刑事司法解释。通过审理涉及网络基础设施安全、算法规则、数据权属交易、个人信息保护、网络平台治理等一大批新类型、疑难复杂和互联网特性突出的司法案件，细化法律适用标准，促进裁判标准统一,网络空间规则、行为规范、权利边界和责任义务日益明晰。制定人民法院在线诉讼、在线调解、在线运行规则,细化电子数据证据规则,规范网络犯罪案件办理程序,网络司法程序规则体系逐步建立。网络司法规则的体系化、系统化,为网络司法工作提供了规则引领和制度保障,让网络司法有章可循。

（二）探索网络司法模式

积极探索司法活动与网络技术深度融合的新路径、新领域、新模式,让社会正义"提速"。积极推行大数据、云计算、人工智能、区块链等现代科技在诉讼服务、审判执行、司法管理等领域的深度应用,先行先试构建中国特色的网络司法模式。鼓励各地法院因地制宜,结合当地互联网产业发展情况和网络纠纷特点,探索具有地域特色的新型互联网审判机制。相继设立杭州、北京、广州互联网法院,探索实行"网上案件网上审理"。大力推进数字检察工作,坚持大数据赋能法律监督,系统整合各类办案数据,积极探索构建大数据法律监督模型和平台,努力推动个案办理式监督和类案治理式监督相结合,为新时代法律监督提质增效。网络司法的新模式标志着中国特色社会主义司法制度在网络领域进一步发展完善,逐渐成为中国司法的一张亮丽名片。

专栏5　成立互联网法院

互联网法院是中国推动司法模式创新的成功尝试。2017年8月18日,杭州互联网法院成立。2018年9月9日、9月28日,北京互联网法院、广州互联网法院先后成立。互联网法院集中管辖所在市辖区内的网络金融借款合同纠纷、网络侵权纠纷、网络著作权纠纷等十一类互联网案件,推动技术创新、规则确立、网络治理向前迈进。2017年8月至2019年10月,三家互联网法院共受理互联网案件118764件,审结88401件,在线立案申请率为96.8%,全流程在线审结80819件,在线庭审平均用时45分钟,案件平均审理周期约38天,比传统审理模式分别节约时间约五分之三和二分之一,一审服判息诉率达98.0%,审判质量、效率和效果呈现良好态势。

（三）　维护网络司法权益

中国积极开展网络司法活动,坚决打击网络违法犯罪活动,努力让人民群众在每一个司法案件中感受到公平正义。

强化公民网络民事权益司法保护。依法办理个人信息保护、网络知识产权、网络交易、网络侵权等领域的民商事案件,保障各方主体的网络民事权益。在个人信息保护方面,重点关注处理大规模个人信息的网络平台,对侵犯公民个人信息的网络平台提起民事公益诉讼,通过案件审理明确用户个人信息商业使用的规则和边界,督促网络平台企业合法合规收集使用数据。在网络知识产权保护方面,针对涉及专利、集成电路布图设计、技术秘密、计算机软件等专业技术性较强的案件,探索引入技术调查官制度,逐步构建起维护网络空间公民合法权益的"防护栏"。

加大网络犯罪惩治力度。随着互联网技术的快速发展,传统犯罪加速向以互联网为媒介的非接触式犯罪转变,电信网络诈骗、网络赌博、网络淫秽色情等涉网违法犯罪多发。中国依法办理新型网络犯罪案件。连续多年开展"净网行动",严厉打击群众反映强烈的黑客攻击破坏、侵犯公民个人信息等违法犯罪活动。持续推进"云剑""断卡""断流""拔钉"等专项行动,打击套路贷、校园贷、"以房养老"、"投资养老"等电信网络诈骗犯罪,依法惩处为电信网络诈骗犯罪团伙提供互联网接入、域名注册、服务器托管、移动互联网应用程序制作开发、网络支付、引流推广等服务支撑的黑灰产业。完善国家反诈大数据平台和反诈移动互联网应用程序,建设国家涉诈黑样本库,完善快速止付冻结机制、涉诈资金返还机制。坚决打击网络赌博犯罪行为,从严治理网络淫秽色情。网络犯罪治理工作取得明显成效,人民群众安全感有效提升,社会更加和谐稳定。

专栏6　依法惩治电信网络诈骗犯罪

电信网络诈骗犯罪严重侵害人民群众切身利益和财产安全,严重影响社会和谐稳定,人民群众对此深恶痛绝。面对电信网络诈骗犯罪这一全球性治理难题,中国开展全链条纵深打击,取得良好成效。2019年至2021年,全国共起诉电信网络诈骗犯罪12.9万人。2017年至2021年,全国一审审结电信网络诈骗犯罪案件10.3万件,22.3万名被告人被判处刑罚。

探索未成年人网络司法保护新路径。以惩防网络犯罪为重点,依法精准打击"隔空猥亵"等网络违法犯罪,加大对以未成年人为目标的网络诈骗犯罪的打击惩治力度。依法惩戒和精准帮教相结合,最大限度教育挽救涉网络犯罪的未成年人。积极推动网络领域未成年人公益保护,以办理涉毒音视频传播、侵犯未成年人个人信息权益、网络高额打赏等典型个案作为突破口,通过公益诉讼、检察建议、支持起诉、情况通报等多种形式,推动网络平台、社会、政府共同守护未成年人健康网络环境。

五、提升全社会网络 法治意识和素养

网络法治宣传教育需要全社会共同参与。中国借助互联网,法治宣传教育的内容、形式、手段不断创新,网民法治观念全面提升,网络平台主体责任和行业自律有效落实,尊法学法守法用法日益成为网络空间广泛共识和基本准则,社会主义法治精神在网络空间得到全面彰显。

(一)拓展"互联网+普法"新模式

互联网日益成为人民群众学习、工作、生活的新空间,成为获取公共信息和服务的新平台,也逐渐成为普法的新渠道、新手段。"互联网+普法"将单向式法治宣传转变为互动式、服务式、场景式传播,专业化的法律术语转化为通俗易懂的生活话语、网言网语,受众的参与感、体验感、获得感不断提升。

充分运用互联网开展法治宣传教育。政府网站、公众号设立普法专题专栏,围绕宪法、民法典、国家安全法、网络安全法等重要法律法规,以及生态文明建设、食品药品安全、个人信息保护等人民群众关心关注的问题,开展网上法治宣传,全面普及法律知识。充分利用中国普法"一网两微一端",加强智慧普法平台建设,宣传中国法治建设实践经验,推送普法信息,引导全社会树立权利与义务、个人自由与社会责任相统一的法治观念,培育遇事找法、解决问题用法、化解矛盾靠法的法治意识和行为规范,引导全体人民做社会主义法治的忠实崇尚者、自觉遵守者、坚定捍卫者。

积极运用网络媒体开展网上普法活动。互联网媒体发挥内容、渠道、资源优势,结合不同群体普法需求,运用图解、动漫、短视频、网络直播、网络音乐等多种形式创作大量网络普法作品,通过论坛、博客、微博客、公众账号、即时通信工具、网络直播、搜索引擎、问答社区等多种渠道向公众提供法律知识,解读法律法规。网络普法打通了普法与群众间的"最后一公里",促进普法更充分地融入市场经营、社区生活、校园学习、乡村建设,法律知识的到达率、普及率、知晓率得到显著提升。

线下普法活动向线上延伸。随着互联网与经济社会生产生活的广泛融合,传统的线下法治讲座、普法基层行动、法律咨询服务、法治文艺展播等普法活动借助互联网不断扩大影响力和覆盖面。学习培训、微视频比赛、互联网法律法规知识大赛等更多"键对键"的线上活动和"面对面"的线下普法相互融合、相互补充、相得益彰,吸引更多人群参与法治宣传教育,让网络法治宣传教育惠及更广泛社会群体。

（二）普及网络法律法规

宣传普及网络法律法规是网络法治宣传教育的重点内容。网络法律法规全面普及提升了人民群众的网络法治观念,为培育健康向上、文明法治的网络生态环境提供了重要支持。

网络法律法规普及融入网络立法全过程。在网络安全法、数据安全法、个人信息保护法等网络法律法规制定过程中,利用线上线下渠道,通过公开征求意见、研讨论证等方式,广泛听取、充分吸纳公民、法人、其他组织等各方意见。网络法律法规公布实施时,通过召开新闻发布会、答记者问和专家解读等方式解疑释惑,引导公众了解网络法律知识、遵守网络法律法规,为依法治网筑牢群众基础。

在网络执法、司法活动中适时开展网络法律法规普及。围绕利用网络传播违法和不良信息、侵害个人信息权益、电信网络诈骗、未成年人网络保护等人民群众关心关注的问题,发布网络法治典型案事例,集中开展以案释法。通过"中国审判流程信息公开网""中国庭审公开网""中国裁判文书网""中国执行信息公开网"四大平台,公开网络司法案件。民众以更加生动直观的方式了解网络法律知识,社会公众从旁观者变为参与者、支持者、宣传者。

(三) 面向重点对象开展网络普法

法律的权威源自人民内心拥护和真诚信仰。中国围绕青少年、互联网企业从业人员等重要普法对象开展法治宣传,引导青少年网民依法上网、文明上网、安全上网,督促互联网企业合规合法经营,提升法律风险防范意识。

加强青少年网络法治宣传教育。青少年是祖国的未来、民族的希望。青少年网民在中国网民中的占比逐步增长。作为互联网的"原住民",青少年是网上学习、交流、生活最活跃的参与者、实践者,其合法权益也更易受到网络违法活动的侵害。中国从保护青少年网络权益,促进青少年健康成长、全面发展出发,遵循青少年身心发展规律,贴近青少年学习生活实际,聚焦网络沉迷、网络欺凌、网络淫秽色情信息等重点问题,通过普法微综艺、儿童普法话剧、网络普法故事广播、网络普法云课堂、学法用法知识竞赛、法治副校长进校园、编写网络普法读本等生动活泼、丰富多彩的形式开展法治宣传教育,逐步形成了政府、社会、学校、家庭相结合的法治宣传教育格局,为提升青少年网民法治意识和网络安全素养提供了全面保障。

<table>
<tr><td>专栏7　创建全国青少年普法网</td></tr>
<tr><td>2012 年,中国创建全国青少年普法网,设置影视动漫、法律小故事、看图学法等栏目,为中小学生法治教育学习提供平台。目前,注册学校超过 19 万所,用户数 1.5 亿多。2021 年,通过全国青少年普法网参与宪法在线学习人次达到 83 亿。</td></tr>
</table>

强化互联网企业的依法经营意识。互联网企业是推动数字经济健康发展的重要市场主体,守法诚信是其应当遵守的基本行为准则。中国加强对互联网企业的网络法治教育培训,把网络法律法规特别是电子商务法、网络安全法、数据安全法、个人信息保护法、反垄断法、反不正当竞争法等与经营活动、行业发展密切相关的法律法规纳入企业入职培训、日常培训。支持互联网行业组织为互联网企业及其从业人员提供形式多样的法律宣传教育,鼓励互联网行业组织督促企业坚持经济效益和社会效益并重的价值导

向,通过完善行业规范、出台行业标准、发布诚信倡议等方式,引导互联网企业积极履行法律义务和社会责任,依法保护消费者合法权益,维护公平竞争的市场环境。

(四) 强化网络法治研究教育

网络法治教育、网络法治人才是建设网络强国的重要支撑和创新动力。中国面对网络法治实践中产生的重大理论问题和人才需求,初步形成了理论与实践相结合、制度与发展相适应的教育研究、人才培养机制,为网络法治建设提供了智力支持和人才保障。

全面提升网络法治研究能力。高校、科研机构创建网络法治研究新型智库,先后建立多个综合性网络法治研究基地。截至 2022 年 6 月,中国网络法治研究机构超过 90 家。网络法治智库充分发挥"智囊团""思想库""人才库"的重要作用,围绕数据、算法、平台治理等前沿问题开展研究,形成了大量学术研究成果。专家学者深入参与网络法治活动,围绕网络法治重要规划、重大立法、重点改革等加强调查研究,提出建设性建议。

加强网络法治领域人才培养。中国系统整合传统法学学科教育和网络相关学科教育,在设立网络空间安全一级学科的基础上,部分高校开设网络与信息法学、数字法学、人工智能法学等二级学科。高校依规自主开设网络安全与执法等网络法治相关本科专业。组建从事网络法学研究和教学的工作团队,讲授网络与信息安全、法律与人工智能、网络法学、区块链与电子证据、法律数据分析等融合法律知识与计算机科学、统计学知识的跨学科跨专业课程,编写了网络法、计算法、数据法、个人信息保护法等领域的一系列具有前沿性、通用性及实操性教材,培养出一大批兼具法律专业知识和技术背景的复合型人才,为网络强国建设提供了有力的法治人才支撑。

六、加强网络法治国际交流合作

网络空间是人类共同的活动空间。全球推动数字经济发展的愿望相同,应对网络安全风险的挑战相同,加强网络空间治理的需求相同。中国积极开展网络法治国际交流合作,坚持在独立自主、完全平等、互相尊重的基础上,与世界各国一道,共同参与全球网络治理体系变革,促进全球共同分享互联网发展的机遇和成果,携手构建网络空间命运共同体。

(一)积极参与规则建设

中国坚定维护国际公平正义,坚定维护以联合国为核心的国际体系、以国际法为基础的国际秩序、以《联合国宪章》宗旨和原则为基础的国际关系基本准则。支持各国平等参与网络国际治理,制定各方普遍接受的网络空间国际规则。

支持发挥联合国在网络国际治理中的主渠道作用。支持联合国制定打击网络犯罪全球性公约,共提并推动联合国大会通过决议,设立政府间特设专家委员会,并建设性参与公约谈判,呼吁尽早共同达成具有权威性、普遍性的公约,为国际社会合作应对网络犯罪挑战提供法律基础。注重发挥联合国在应对国际信息安全威胁领域的关键作用,与上海合作组织其他成员国共同向联合国提交"信息安全国际行为准则",并于2015年提交更新案文。提出《全球数据安全倡议》,分别于2021年3月和2022年6月同阿拉伯国家联盟、中亚五国发表《中阿数据安全合作倡议》《"中国+中亚五国"数据安全合作倡议》,为讨论制定全球数据安全规则提供蓝本。参与推动联合国达成"网络空间负责任国家行为规范框架",明确主权平等、和平解决争端、禁止使用武力、不干涉他国内政等国际法重要原则适用于网络空间,明确应建立全球性、客观的信息技术产品供应链安全标准。拓展与联合国专门机构的网络事务合作,参与联合国教科文组织制定《人工智能伦理建议书》,并与世界知识产权组织在域名规则制定和域名争议解决领域开展广泛合作。

积极参与形成区域性网络治理规则。签署《区域全面经济伙伴关系协定》,与其他14个成员国一道,围绕电子认证和签名、在线消费者保护、在线个人信息保护、网络安全、数据跨境流动、知识产权保护等领域形成区域规则,电子商务章节成为目前全球覆盖区域最广、内容全面、水平较高的电子商务国际规则。积极推进加入《全面与进步跨太平洋伙伴关系协定》和《数字经济伙伴关系协定》,参与数字经济领域高标准规则制定。

(二)广泛开展交流合作

中国始终支持网络法治领域的国际交流与合作,积极开展对话协商、交流互鉴,不断拓展深化平等、开放、合作的全球伙伴关系,以共进为动力、以共赢为目标,共同推进网络国际治理。

开展网络法治双多边对话交流。建立中俄信息安全磋商机制、中欧网络工作组机制、中国—东盟网络事务对话机制、中日韩三方网络磋商机制等对话机制,联合举办"2019中德互联网经济对话""中英互联网圆桌会议""中韩互联网圆桌会议""中古(巴)互联网圆桌论坛""中巴(西)互联网治理研讨会"等活动,与相关国家在网络政策法规和治网实践等方面开展务实交流,及时回应各方关切,平等协商解决分歧。与泰国、印度尼西亚等签署网络安全合作备忘录,加强网络安全政策法规交流分享,共同促进网络安全能力建设。

加强网络安全国际执法司法合作。中国与多国达成网络安全领域合作共识,在打击网络恐怖主义、电信网络诈骗等方面开展深层次务实合作。在打击网络恐怖主义方面,通过联合反恐演习、联合边防行动、警务合作、司法协助等多种形式,不断深化与相关国家交流合作,携手应对威胁挑战,共同维护世界和平和地区稳定。在打击电信网络诈骗方面,开展国际执法司法合作,与多国联合侦办跨境重大案件,取得明显成效。2022 年 3 月至 6 月,在国际刑警组织框架下,与其他 75 个成员国共同参与"曙光行动",逮捕犯罪嫌疑人 2000 余名,拦截非法资金 5000 余万美元,有效遏制跨国电信网络诈骗活动。

携手保护未成年人网络权益。积极与联合国儿童基金会、国际互联网举报热线联合会等国际组织以及英国、德国、阿联酋等国相关部门开展合作,治理线上未成年人色情问题。加入"WePROTECT 终结网络儿童性剥削全球联盟",与全球 200 多个政府、企业和民间社会组织一道努力打击儿童网上性剥削及性虐待,为儿童创造更加安全的网络环境。

（三）努力搭建对话平台

中国展现负责任大国担当，积极搭建与世界互联互通的国际平台和国际互联网共建共享的中国平台，为世界各国在网络法治领域密切联系、增进了解、促进互信发挥了积极作用。

通过世界互联网大会搭建网络法治交流平台。自2014年起，中国连续九年举办世界互联网大会，邀请各国政府、国际组织、互联网企业、智库、行业协会、技术社群等各界代表参加。大会组委会发布《携手构建网络空间命运共同体》概念文件，提出"尊重网络主权，《联合国宪章》确立的主权平等原则是当代国际关系的基本准则，同样适用于网络空间"。发布《携手构建网络空间命运共同体行动倡议》，提出开展数据安全和个人信息保护及相关规则、标准的国际交流合作，推动符合《联合国宪章》宗旨的个人信息保护规则标准国际互认。开展未成年人保护立法经验交流，打击针对未成年人的网络犯罪和网络欺凌，进一步完善打击网络犯罪与网络恐怖主义的机制建设。支持并积极参与联合国打击网络犯罪国际公约谈判，有效协调各国立法和实践，合力应对网络犯罪和网络恐怖主义威胁。

2022年,在世界互联网大会基础上,中国发起成立世界互联网大会国际组织,以搭建全球网络共商共建共享为宗旨,以务实合作推动共享,为全球互联网发展治理贡献智慧和力量。目前已有来自六大洲近20个国家的互联网领域机构、组织、企业及个人加入,成为世界互联网大会国际组织初始会员。

搭建多形式、多渠道、多层次网络法治国际交流平台。通过金砖国家合作机制、上海合作组织、亚非法律协商组织、东盟地区论坛等多边平台,就网络立法、执法、司法、普法等网络法治建设情况深入交流观点、经验和做法。举办世界互联网法治论坛,发布《世界互联网法治论坛乌镇宣言》,为在网络司法领域分享经验、增进了解、相互学习借鉴搭建桥梁。支持互联网行业组织建立中国互联网治理论坛等国际交流平台,围绕数字包容、数据治理等议题开展交流研讨,促进中外互联网社群增进共识,共同解决互联网行业发展面临的问题。鼓励专家学者通过学术论坛、研讨交流会等多种平台,围绕数字经济、数据安全、人工智能治理等网络法治前沿问题,与国际同行开展学术交流,分享研究成果。

结　束　语

中国在互联网发展治理实践中,立足本国国情,借鉴世界经验,形成了具有鲜明中国特色的依法治网之道。在全面建设社会主义现代化国家新征程上,中国将始终坚持全面依法治国、依法治网的理念,推动互联网依法有序健康运行,以法治力量护航数字中国高质量发展,为网络强国建设提供坚实的法治保障。

互联网发展红利惠及全球,依法促进网络空间发展和繁荣,符合世界各国人民利益。网络法治既是数字治理的重要方式,也是数字文明建设的重要成果。面对数字化带来的机遇和挑战,中国愿同国际社会一道践行共商共建共享的全球治理观,共同推动全球互联网治理法治化进程,让数字文明发展成果更好造福各国人民,携手构建网络空间命运共同体,共同创造人类美好未来。

责任编辑：刘敬文

图书在版编目（CIP）数据

新时代的中国网络法治建设/中华人民共和国国务院新闻
办公室 著. —北京：人民出版社，2023.3
ISBN 978－7－01－025444－9

Ⅰ.①新… Ⅱ.①中… Ⅲ.①互联网络-社会主义法制-
建设-白皮书-中国 Ⅳ.①D922.17

中国国家版本馆 CIP 数据核字（2023）第 027268 号

新时代的中国网络法治建设
XINSHIDAI DE ZHONGGUO WANGLUO FAZHI JIANSHE
（2023 年 3 月）

中华人民共和国国务院新闻办公室

人 民 出 版 社 出版发行
（100706 北京市东城区隆福寺街 99 号）

中煤（北京）印务有限公司印刷 新华书店经销

2023 年 3 月第 1 版 2023 年 3 月北京第 1 次印刷
开本：850 毫米×1168 毫米 1/32 印张：1.5
字数：24 千字

ISBN 978－7－01－025444－9 定价：5.00 元

邮购地址 100706 北京市东城区隆福寺街 99 号
人民东方图书销售中心 电话 （010）65250042 65289539